葬禮之後

陳芳玲　譯

菲律賓 Centor Escolar University 哲學博士（主修諮商心理學）

加拿大 Trinity Western University 諮商心理學研究所訪問學者

現任稻江科技暨管理學院諮商心理學系副教授

After the Funeral

by
Jane Loretta Winsch

illustrated by
Pam Keating

Published by Paulist Press

Copyright © 2002 by Psychological Publishing Co., Ltd.

譯者序

1. 前言：死亡永遠是贏家

在生命中，人或許能避開任何其他不想與之關聯的事物，如婚姻、購屋、置車、人際……等等，唯獨避不開死亡，它始終在生命的某個時刻等著我們。面對死亡情境，不論擁有什麼智慧、什麼真理，死亡總是為我們帶來衝擊與遺憾。不論是什麼樣的堅強、什麼樣的溫柔對待，死亡對人類所帶來的傷痛是深沉且長久的。

處於天災、人禍不斷，大眾傳播媒體又極度發展的今日社會，成人已無法完全將死亡相關訊息從兒童生活世界中隔離。因此，坦誠、開放性的與兒童談論死亡，或是視死亡為禁忌避而不談，何者較能保護兒童減少死亡的衝擊或困擾？我曾多次以此問題與不同國小親職讀書會成員（成員包括家長與老師）討論，從他們的回應，我發現多數父母或老師不是不重視死亡與悲慟對孩子的影響，也不是刻意避談或含糊帶過，而是擔憂自己對此議題了解有限或不正確，更怕談論時內容或方式不當，對孩子造成更多的恐懼與困擾。

和兒童討論死亡與悲慟的確不是一件容易的事，必須配合兒童的認知與情緒發展，也須考量兒童的心理準備度與個別差異。近幾年來國內對「兒童與死亡」或「兒童與悲慟」議題已有不少關注，協助家長或教師的研究、專書也逐漸增多，然相較於國外的發展，仍有許多值得再努力的空間。

有許多相關研究指出，教師在課堂中與兒童進行死亡相關議題的討論，能增進兒童對死亡議題的了解。另外亦有不少研究都曾指出，在許多方法中，對兒童闡釋死亡最好的資料是文學作品。基於前述理由，構思出版能同時提供給家長、教師及兒童使用的「兒童生死教育與悲慟輔導」相關系列書籍，已有一段時間。二○○二年在彰化師範大學所舉辦的「台灣地區兒童生死教育研討會」上與心理出版社吳總編輯相識後，獲得他的支持，因而有這一系列相關書籍之出版。

心理出版社所出版關於兒童生死教育題材的書籍，包括「再見了，麥奇」、「葬禮之後」、「悲歡歲月：一個憂鬱的故事」、「悲慟兒童支持性團體方案」等四本書。其中除了「悲慟兒童支持性團體方案」是結構性課程，專為教育與輔導相關工作人員而選外，其他三本書都是敘述文體的作品。這三本書除了可以給有興趣於此議題者個別閱讀外，亦可以讓家長以此為媒介與兒童共讀和討論，或教師將其當成教材，在班級中展開教與學的歷程。在叢書系列的安排上，「悲慟兒童支持性團體方案」因為讀者為教育與輔導相關工作人員，因此安排在教育叢書的「生命教育系列」中，而另三本書則列入兒童讀物類的「兒童生命教育系列」中。

在眾多的國外兒童生死教育與悲慟輔導書籍中，選擇這四本書的理由，乃源於我個人教學與輔導工作歷程。我任教於師資培育機構，分別擔任大學部與研究所「生死教育與悲慟輔導」課程的教學，也從事輔導工作，因而有許多機會和不同年齡層的人就此議題進行討論與學習。我曾採用二十多本國外相關書籍，在我的教學與輔導過程中應用，而這四本書普遍受到不同年齡層一致的肯定，因而有這樣的組成。我個人深深期盼這套叢書能對有興趣於此者有所幫助，特別是兒童、家長及教

育與輔導相關工作人員。

2.內容介紹
（1）再見了，麥奇

「再見了，麥奇（Goodbye, Mitch）」一書最早是以「Maggie and Mitch」爲名，於一九九三年在Cricket雜誌上刊登，因廣受讀者的喜愛，一九九三年由Albert Whitman & Company所出版。

此書以兒童和寵物的關係爲主軸。作者於書中藉由詳細的描述兒童與家中所飼養寵物（貓）相處的種種細節，呈顯了兒童和寵物間的深厚情誼；另外，作者並以寵物老化至死亡的歷程，描繪出動物的死亡、兒童歷經寵物死亡的悲傷反應及成人應如何協助的介入策略。我個人非常喜愛書中父母親的介入方式——以真誠開放的態度和孩子談論死亡、溫馨地接納孩子悲傷及協助孩子爲寵物舉行喪葬。這樣的處置，非常不同於國內某些父母親面對家中飼養寵物死亡時的反應。

兒童悲慟輔導相關研究指出，與我們依附情感聯結深厚的寵物或具特別意義物品的失落，也可能會引發我們類似遭遇重要親人死亡的傷痛。因此，當家中所飼養的寵物死亡時，我認爲這是父母親協助兒童認識「死亡與悲慟」的重要契機之一，應及時掌握。若不知如何處理，此書頗具參考價值。

（2）葬禮之後

此書以描述不同的兒童（竹文、穆蘭、明志......），遭遇不同的親人（祖父母、父母親、兄弟姊妹）死亡後，出現不同的反應（如穿上死者的毛衣、擔心死者去世後無人可照顧他、擔心活著親人的悲傷無止境、對親人死亡地點的恐懼、對死後世界的想法......），並對這些反應提供一些解釋和解決方法而構成。作者期望能透過書中主角的遭遇與反應，幫助正或曾失去所愛的兒童，除了了解自己的感受與行爲表現外，並能進而學習不同主角因應失落之道。

此書的特色是作者將學術性之兒童悲慟輔導理論與研究，轉化成兒童使用的語言，並依不同失落情境配以相關圖畫方式撰寫，非常貼近兒童的學習經驗。另外，從書中不同案例的描述，亦可發現作者對遭遇失喪兒童的認知、情緒及行爲反應，非常精確的掌握要點。

作者雖謂此書是專爲悲慟兒童而寫，但我曾多次以此書做爲「悲傷輔導」相關課程或工作坊之教材。授課對象從國小兒童、國高中生、大學生到社區讀書會，甚至殯葬業人員。從個人的授課經驗與學習者的回應，我發現本書因撰構不同人物、遭遇不同親人死亡、產生不同反應，其含蓋範圍廣泛。大部份學習者都能從書中發現與自身或親友遭遇相似的例子，從而產生不同的省思與體悟。

（3）悲歡歲月：一個憂鬱的故事

在生命歷程中，幾乎每個人都曾經歷過悲傷、不快樂。根據精神醫學相關研究指出，約百分之二十的人會因而形成嚴重的憂鬱症，需要藥物的治療。憂鬱症患者與自殺關聯，一直受到心理學、精神醫學相關專業人員的重視，甚至有研究報告指出自殺的人不全都是精神病患，但自殺的人中有百分之七十以上情緒低落呈憂鬱症狀。WHO醫學報告亦曾指出二十一世紀人類將面臨三大疾病的

挑戰：愛滋病、癌症及憂鬱症。

　　憂鬱症患者看待世界常有負向的想法，悲觀、消極；情緒上經常出現抑鬱、無助、絕望、自責、罪惡感等；生理上除了經常抱怨身體的不適外，亦有注意力低、嗜睡、飲食習慣失衡、缺乏活力等問題。成人可以了解憂鬱症較少明顯的身體症狀，父親或母親患有憂鬱症的兒童，經常會被這較少明顯身體症狀的疾病所困擾，有時，甚至會認為是自己所造成的。因此，對兒童提供憂鬱症的相關資訊與教導，幫助兒童減低無助感及順利成長，是有其必要性與迫切性。

　　國外以「故事」為題材，幫助兒童了解憂鬱症及如何與之相處的書籍並不多，國內則更少。而「悲歡歲月：一個憂鬱的故事」，是一本少有也難得的好書。作者在書中以不同顏色呈現憂鬱症不同的情緒起伏，並透過主角艾蘭、父親、患有憂鬱症的母親及寵物（金魚、貓）互動的過程，鋪陳出他們的悲歡歲月。我個人認為作者這樣的情節安排，頗能適當而有效能的協助兒童認識憂鬱症，特別是對父母親之一患有憂鬱症的兒童。

(4) 悲慟兒童支持性團體方案

　　「悲慟兒童支持性團體方案」，是一本針對悲慟兒童而設計的團體輔導活動手冊，提供從事教育或輔導相關人員協助悲慟兒童使用。此手冊由六個主要活動設計、一個特別協助悲慟兒童因應假日的活動及五個補充活動所構成。每一個活動設計內容包括三個主要部份：主題、活動目標及活動過程。六次活動的主題，分別為：①死亡及悲傷之介紹及討論；②感受／自尊；③表達悲傷；④回憶；⑤喪葬過程；⑥因應悲傷／總結。其先後順序的安排，則是依照兒童悲慟歷程之相關理論與研究。每一活動目標雖因主題而不同，但基本目標則是共同期望悲慟兒童能透過活動的進行獲得支持與疏通悲傷。活動過程則分別由四至六活動所組成。

　　手冊中行間的空白是預留給悲慟兒童書寫活動感受和意見。每一活動設計後所附錄之參考書目，可以幫助團體領導者或悲慟兒童找到和主題相關的其他資料。另外，作者並鼓勵使用此手冊的兒童和父母親或監護人分享活動手冊，將個人在支持團體中所做的活動成果展現給他們看，並告訴他們個人的經驗。

3.應用時的三個建議

(1) 討論時，以兒童為主體

　　與兒童談論死亡或悲慟不是一件容易的事，應先思考下列這三個問題：「什麼是兒童需要知道的？」、「什麼是兒童想要知道的？」、「什麼是兒童能了解的？」。

　　另外，讀本僅是媒介，真正的學習來自閱讀中或閱讀後的對話過程。因此，一個符合實際需要的協助，應以有效能的溝通為基礎，先傾聽兒童，給予他們表達對死亡或悲慟了解與感受的機會，從這樣的互動溝通中得到線索後再回應。因為，以死亡或悲慟為直接談論主題時，需考量此議題的敏感度，以減緩此議題對兒童的直接衝擊。如能以循序漸進的方式進行，可能更適切。例如論及人的死亡之前，先與兒童探討寵物死亡。另外，對處於悲慟中的兒童，協助其面對與因應悲傷，應優先於增進其對死亡的了解。

（2）**引導時，應培養兒童具有反思與因應問題的能力**

　　如前所述，本叢書中「悲慟兒童支持性團體方案」是結構性課程，專爲教育與輔導相關工作人員而選，教師或輔導相關人員可依照此書活動設計逐一進行。

　　其他三本書則是敘述文體的作品。敘述文體的作品內容通常以某個（些）特定的人、事、物，所遭遇的狀況、處境、難題、事件或衝突等情節鋪陳故事。爲讓兒童能從故事的閱讀、探究與討論中產生學習，閱讀前，家長或教師若能以適當相關的新聞報導、視聽媒體......等等做爲引導，可增進兒童談論此議題的心理準備度，並與其生活經驗相聯結。

　　再者，當故事情節愈深入與愈精緻處理、愈能置於情境脈絡，則更容易培養在其相關的情境脈絡中，反思與因應問題的能力。因此，在閱讀過程中，應協助兒童進入書中所描繪的情節，感受故事的現場感，提升兒童對故事內容的了解，同時激發兒童對故事的感受。

　　閱讀過程中或閱讀結束後，家長或教師應提供刺激兒童思考與討論的問題，且問題須具備適度複雜性及對多元觀點包容性，因爲死亡並沒有唯一的答案，而悲傷亦無固定的反應。另外，教師若於課堂中實施，亦可藉由小組及班級討論活動，引導兒童探究故事情節，並提出不同解決問題策略與評估其可能後果，促發更深一層的觀點。

（3）**在讀書會中應用時，應特別著重兒童閱讀與討論心理歷程**

　　本系列之三本敘述文體作品，亦可作爲兒童讀書會的閱讀材料。基本上，讀書會是以圖書爲媒介，讓兒童閱讀，並在閱讀與討論的過程中，對書中人物產生認同（identification）、投射（projection）、淨化（catharsis）、洞察（insight）等功能。上述這些功能，產生自兒童閱讀與參與討論的心理歷程中，因此，此三本書在讀書會中應用時，帶領者亦須以適當的引導與發問技巧激發兒童經歷此些歷程，達成學習之目的（功能詳細內容、引導及討論技巧，可參考讀書會帶領相關書籍）。

4.結語

　　任何一件事情能順利完成，除了個人的努力外，亦需一些因緣際會。此系列叢書得以順利出版，亦是如此。三位翻譯者——陳怡秀老師、徐少騫老師及彭博裕老師，在彰化師範大學所舉辦的「台灣地區兒童生死教育研討會」（89年10月20-21日）發表他們共同創作——聽生命唱歌，深受與會者的肯定，特別是美國兒童死亡教育暨悲傷輔導專家Linda Goldman、國內生死教育專家紀潔芳教授、吳庶深教授及張淑美教授等人的鼓勵，期盼他們在此領域多些努力——不論是創作或翻譯，以提供給家長及有志於此領域之實務工作者參考。由於受到肯定，當時還是國立嘉義大學初教系四年級學生的他們（現皆已是國小合格教師）熱情認眞的投入本系列叢書翻譯工作。因爲這四本書翻譯初稿完成後不久，三位翻譯者因個人志向分別在不同縣市任教，要將他們聚在一起討論並不容易，加上我亦獲得出國研究的機會，使得從翻譯到出版過程中，有一段頗長的閒置期。此系列叢書歷經多時，還能順利出版，吳道愉總編輯的耐心、毅力督促與令人敬佩的包容度是關鍵，在此特別謝謝他。

很榮幸和那些曾經遭遇失落傷痛的孩子一起工作

是他們「給」了我這本書。

為此感謝他們。

另外，在此也特別感謝我的朋友——才華橫溢的插畫家，潘‧吉丁。

感謝他以各種方式為這本書帶來了生命的「種籽」。

此書謹獻給我的摯友與家人。

特別是我的姊姊——法蘭。

藉由她的親身經歷，

使我們領悟到如何再度獲得重生。

「 你會取笑我！ 」

「 不！ 我不會。 」

「 會！ 你會！ 我這樣好蠢！ 」

這是一本能幫助你了解「 你的感覺一點都不蠢」 的書——即使你覺得沒有人能夠體會你的感受。

「 葬禮之後」 這本書將與你一起分享當其他小朋友遭遇到重要的人死亡時，他們內心的想法與經驗。

竹文的母親去世時，他覺得很害怕：

「如果爸爸也死了，留下我自己一個人，怎麼辦？」

不過後來他學到，
他不須害怕會被遺
棄，會孤單一人：

「爸爸向我保證過，

永遠都會有人愛我，

照顧我。」

雖然穆蘭的爸爸死了，

但她還是一直等著她爸爸

六點準時出現在家門口。

一如往常。

「　但你知道嗎？媽媽也和我一樣。
媽媽告訴我，面對死亡對我們的影響
得花上很長一段時間
　　──即便是大人也一樣。」

姊姊死了以後，

　　明志便有一個秘密：

　　「　有時候我會緊緊的抱著珍玲的汗衫，

　　　　　　甚至把它穿上........

　　　　　　　　　　　靜靜的........

這ㄓㄜˋ樣ㄧㄤˋ做ㄗㄨㄛˋ總ㄗㄨㄥˇ能ㄋㄥˊ讓ㄖㄤˋ我ㄨㄛˇ覺ㄐㄩㄝˊ得ㄉㄜˊ自ㄗˋ己ㄐㄧˇ更ㄍㄥˋ接ㄐㄧㄝ近ㄐㄧㄣˋ她ㄊㄚ。

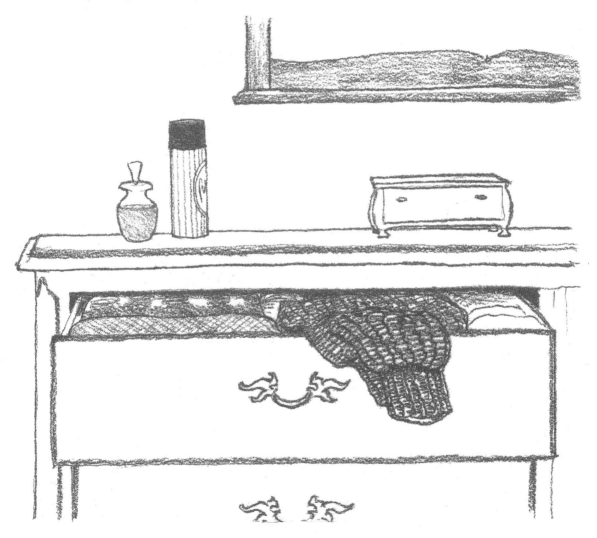

爸爸死了以後，

羅文非常的難過。

因為他的媽媽哭了

又哭

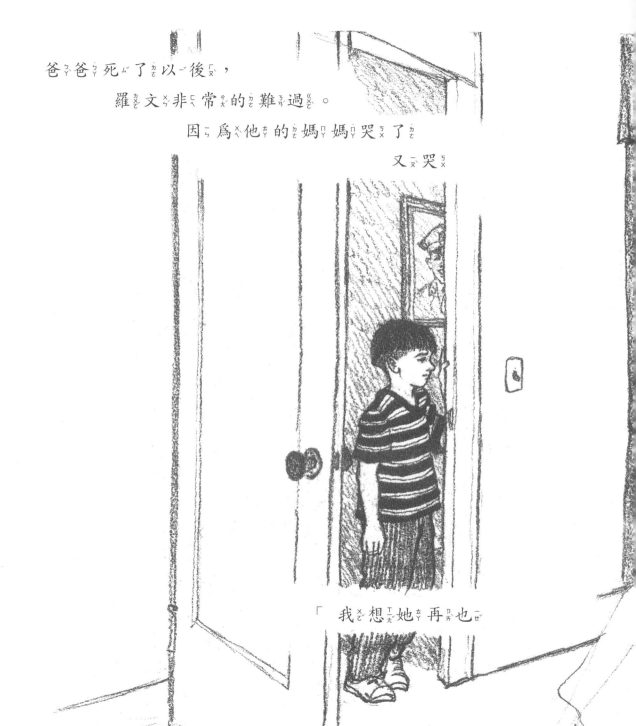

「我想她再也

快ㄎㄨㄞˋ樂ㄌㄜˋ不ㄅㄨˋ起ㄑㄧˇ來ㄌㄞˊ了ㄌㄜ˙。

不ㄅㄨˋ過ㄍㄨㄛˋ你ㄋㄧˇ知ㄓ道ㄉㄠˋ——就ㄐㄧㄡˋ跟ㄍㄣ我ㄨㄛˇ一ㄧˊ樣ㄧㄤˋ——

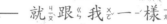

媽媽她需要時間——
　　　她也思念著爸爸。」

在小妹妹的葬禮上，
達倫覺得很納悶。
哥哥是如何讓自己不哭的呢？

—— 當他自己哭個不停時。

「 不過，現在我已了解

每個人都有他自己
處理悲傷的方式。 」

蘭心班上的同學對她奶奶的死隻字未提，

這讓蘭心覺得很難過。

「就好像這件事從沒發生過似的。」

其實同學們都知道這件事
——也都很關心。
他們只是不知道該說些什麼才好。」

在媽媽死了以後，
宏仁就很難把注意力集中在課業上。

「後來我向老師談起這件事，
他幫助我。」

當文彬的好朋友去世的時候，
他試著把所有感受藏在內心裏。

「不過，現在我知道和我信任的人分享感受，會讓我覺得好過些。

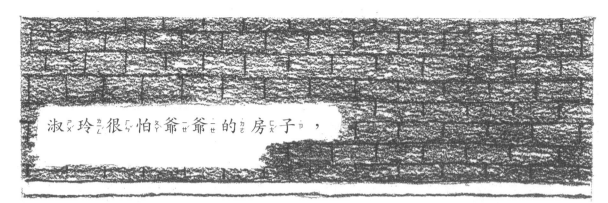

淑玲很怕爺爺的房子，

「………因為爺爺就是在那棟房子裡死掉的。

後來，當我覺得自己準備好了時，
爸爸就牽著我的手，
一起走進爺爺的房子。」

仁勇不想進去弟弟的房間。

「這樣會讓我更加的想念他。

不過，我知道總有一天，
　　當我準備好時，我會走進那房間。」

「 我在內心深處聽見爸爸的聲音，
  但希望我能親耳聽見他的聲音。
  我是多麼希望能夠再見到他。」

「　你會再見到他的，建忠。

奶奶說，神賜給我們永恆的生命，

總有一天，我們會在

天堂再度相遇的。」

每個宗教傳統都會給我們一個希望，
那就是我們在此生之外還會有另一個生命。

最後一個秘密——

　　倘若你將你所珍視的人銘記在心，

　　禱告時也想到他們，

　　那麼他們將會永遠成為你生命的一部分。

兒童生命教育系列 52041

葬禮之後

作　　者：Jane Loretta Winsch
插　畫　者：Pam Keating
譯　　者：陳芳玲
總　編　輯：林敬堯
發　行　人：洪有義
出　版　者：心理出版社股份有限公司
地　　址：台北市大安區和平東路一段180號7樓
電　　話：(02) 23671490
傳　　真：(02) 23671457
郵撥帳號：19293172　心理出版社股份有限公司
網　　址：http://www.psy.com.tw
電子信箱：psychoco@ms15.hinet.net
駐美代表：Lisa Wu（Tel：973 546-5845）
印　刷　者：博創印藝文化事業有限公司
初版一刷：2002年9月
初版四刷：2012年11月
I S B N：978-957-702-523-4
定　　價：新台幣200元